NOTICE HISTORIQUE

SUR

FRANÇOIS-JOSEPH QUESNOT,
Professeur de Mathématiques transcendantes au Lycée de Caen, et Membre
de l'Académie des Sciences, Arts et
Belles-Lettres de la même ville ;

PAR M. BOUISSET, Professeur de Belles-
Lettres au même Lycée, et Membre de
la même Académie ;

LUE A LA SÉANCE PUBLIQUE DU 24 VENTÔSE AN 13.

A CAEN,

Chez Mme veuve LEBARON, Libraire, rue Froide-Rue.

DE L'IMPRIMERIE DE CHALOPIN.

AN 13. — 1805.

NOTICE HISTORIQUE

Sur François-Joseph QUESNOT, Professeur de Mathématiques transcendantes au Lycée de Caen, et Membre de l'Académie des Sciences, Arts et Belles-Lettres de la même ville.

La vie de M. Quesnot ne présente aucun événement de nature à piquer la curiosité du vulgaire. Il a vécu dans la retraite, uniquement occupé de l'étude des lettres et des sciences, étranger au jeu des passions dont les savans eux-mêmes ne sont pas toujours exempts, inaccessible aux tentations de la cupidité et de l'ambition qui règlent plus ou moins ouvertement la conduite de la plupart des hommes. Mais cette vie a été marquée par des traits qui caractérisent une trempe d'ame peu commune qu'il n'appartient pas à tout le monde de juger ; et sous ce point de vue elle peut intéresser les observateurs de l'homme : elle a été dirigée par des principes que seront forcés de respecter ceux mêmes qui n'en approuveraient pas ou qui craindraient de paraître en approuver les conséquences pratiques ; ce qui est aussi matière à réflexion : elle a été entièrement consacrée à des travaux utiles, qui méritent d'autant plus la reconnaissance de tout bon citoyen, qu'ils en ont malheureusement abrégé la durée.

François-Joseph Quesnot était né à Caen le 20 Décembre 1765, de parens vertueux, mais dont la situation était voisine de l'indigence : destinée qui lui a été commune avec d'autres hommes célèbres que la nature avait vengés des rigueurs de la fortune, en leur faisant comme à lui des dons bien autrement précieux. Il fut richement doté du côté du cœur et de l'esprit. Il n'en fut pas de même de sa constitution physique : pendant ses dix premières années on eut souvent à craindre pour ses jours. Cependant malgré ses infirmités presque habituelles, il était si avide d'instruction et sa conception était si vive, qu'à l'âge où les autres prennent les premières leçons, il savait tout ce que comprend l'éducation ordinaire des enfans de la classe dans laquelle il était né.

Ces présages ne furent point trompeurs. Lorsqu'à douze ans sa santé étant un peu affermie, son père eut enfin cédé à ses vives instances et lui eut permis de recevoir une éducation scientifique, chaque année de ses études à l'Université fut marquée par des succès éclatans. Cette suite de triomphes enflammait de plus en plus son ardeur par un motif qui donne une idée juste de son ame. Sans être insensible aux applaudissemens du public, ce n'était pas comme d'une récompense de son travail qu'il était flatté, en recevant un grand nombre de prix, mais parce qu'ils lui formaient une petite bibliothèque que la fortune de ses parens ne leur permettait pas de lui fournir. C'est que son but immédiat en étudiant pour acquérir des connaissances, était de se procurer le moyen de les étendre par des études particulières. Son but plus éloigné mais le plus cher à son cœur, était de parvenir à se rendre capable de payer à la vieillesse de son père les sacrifices que celui-ci avait faits à son enfance et à sa jeunesse. Pourquoi faut-il qu'une disposition si noble, si digne d'éloge, l'ait abusé dans l'occasion la plus importante de sa vie ! La piété filiale a donc aussi ses inconvéniens ! Quesnot en a fait la douloureuse épreuve : il a été malheureux pendant quinze ans, pour avoir vivement desiré de faire plus promptement le bonheur de sa famille.

Il avait atteint sa vingtième année lorsqu'il eut achevé son cours de philosophie : il fallait passer aux études spéciales relatives à l'état qu'il aurait embrassé. Quel parti prendra-t-il ? Quand la fortune le permet, on cousulte ses talens et son goût. Il s'en fallait de tout qu'il fût dans cette heureuse position ; c'est au contraire dans ce moment même qu'on lui annonce que l'on ne peut plus long-temps subvenir même à ses premiers besoins, et qu'on attend de lui des secours d'autant plus indispensables, qu'on s'est épuisé pour le faire parvenir au point où il se trouve. On va plus loin : ne pouvant se dissimuler que l'entrée des autres professions libérales que présente la société, est fermée à ceux qui ne peuvent faire les dépenses préliminaires qu'elles exigent, encore moins attendre long-temps la jouissance des avantages qu'elles procurent ; on lui montre le séminaire comme la seule voie qui lui est ouverte, pour arriver au but qu'il doit se proposer, celui de se mettre au-dessus des besoins de la vie et de pourvoir à ceux de sa famille. C'est de lui-même que je tiens ces détails, et ceux qui l'ont connu, savent qu'il était incapable de manquer à la vérité. Depuis qu'il n'est plus j'ai pris des informations à cet égard : on m'a répondu qu'on n'avait exercé aucune violence, que seulement on l'avait pressé de prendre un état. Des questions plus précises sont restées sans réponse, et j'ai été convaincu que si on ne lui avait pas intimé un ordre absolu auquel son ame élevée aurait résisté, on avait employé des moyens qui pouvaient plus sur son caractère que la violence même ; et qu'il avait été la dupe de son cœur en s'abandonnant au plaisir de prouver à sa famille son affection et sa reconnaissance.

Combien la destinée de l'homme est dépandante des institutions du pays où il a pris naissance ! Combien les abus qui se glissent avec le temps dans les établissemens les plus respectables, sont capables d'influer sur les déterminations des individus, sont propres à fausser l'esprit et la morale d'une nation ! Quelques années plus tard, Quesnot n'aurait écouté que sa répugnance : ses parens n'auraient eu aucun motif pour le presser d'en faire à l'attrait des circonstances l'imprudent sacrifice. Mais à cette époque qui est près de nous, à compter les années, et qui semble en être séparée par des siècles, si l'on considère les changemens arrivés dans notre économie politique et dans les idées dominantes ; à cette époque si amèrement regrettée par quelques-uns, et que tous les autres ne se rappellent que pour mieux apprécier et sentir plus vivement les avantages de leur position actuelle, l'église de France possèdait des richesses dont la jouissance paraissait fort assurée. Une juste admiration et une piété éclairée en avaient dans l'origine offert une partie à la vertu la plus pure, pour être le domaine de l'indigence. Elles avaient été fort augmentées par des moyens désavoués par la religion, mais qu'avait employés une cupidité ambitieuse dans les siècles d'ignorance, en mettant à profit l'aveugle et stupide crédulité de nos pères. Enfin, par un abus d'un autre genre elles étaient devenues depuis assez long-temps l'objet d'une spéculation profane pour toutes les classes de la société. L'entrée dans l'état ecclésiastique n'était que trop souvent l'effet d'un calcul d'intérêt et un arrangement de famille, où l'on ne s'occupait guères de l'aptitude à des fonctions qui demanderaient la pureté des anges.

Cependant en applaudissant aux mesures qui nous ont ramenés aux maximes des plus belles années du christianisme ; en félicitant la religion de ce qu'elle n'aura plus à gémir sur l'hypocrisie ou les scandales de quelques ministres indignes de la servir, gardons-nous de mettre sur la même ligne et ceux qui n'avaient été guidés que par des motifs pris dans la cupidité et dans l'ambition, et ceux qui comme Quesnot victimes des circonstances, avaient du moins des vues que la morale naturelle ne reprouve pas, en cherchant dans l'église non l'opulence et les dignités, mais une subsistance modeste pour eux-mêmes et pour les auteurs de leurs jours. Ce serait peut-être porter le rigorisme trop loin que de voir là un emploi des biens ecclésiastiques contraire à leur vraie destination. Quoi qu'il en soit, Quesnot entra au séminaire sous les plus heureux auspices. Il y avait dans celui de Caen une fondation de pensions gratuites qui se donnaient au concours : il s'y présenta, et ses compositions lui méritèrent la première place. Il ne vit dans cette honorable victoire que le plaisir de n'être plus à charge à ses parens.

Ce ne fut que dans la deuxième des trois années qu'il passa dans cette maison, et après avoir pris le sous-diaconat, que se développa son goût pour les sciences exactes. Ce goût devint en peu de temps une ardente passion qui faisait tout à la fois le charme et le tourment de sa vie. On conçoit aisément qu'elle dut beaucoup augmenter son aversion naturelle pour la théologie scholastique dont on l'occupait. Mais ce qu'il y eut de plus fâcheux pour lui, c'est qu'elle lui donna l'occasion de réfléchir mûrement, et que rentrant en lui-même il vit clairement, non sans de vifs regrets, qu'en lui donnant une trempe d'esprit qui l'entraînait si exclusivement vers les vérités susceptibles d'une démonstration rigoureuse, la nature ne l'avait pas destiné à l'état dans lequel il s'était engagé. De ce moment il prit la ferme résolution, s'il ne pouvait parvenir à se vaincre lui-même, de s'abstenir autant qu'il serait en son pouvoir, de toute fonction ecclésiastique ; et de ne jamais recevoir la plus légère rétribution pour sa présence forcée à certaines cérémonies. Les graces attachées au sacerdoce n'ayant point opéré le changement qu'il desirait de bonne foi, il fut constamment fidèle à sa résolution ; pour purifier, m'a-t-il dit plusieurs fois, ce qu'il y avait eu de trop humain dans sa vocation, et sur-tout pour éviter de faire des actes d'hypocrisie. Il se débarrassait des reproches que lui faisait le chef du clergé de sa paroisse, sur sa négligence à remplir ses fonctions, en le laissant dans la persuasion où il était que les mathématiques en étaient la seule cause ; sans s'expliquer sur le vrai motif de sa conduite, qui était un secret entre Dieu et sa conscience, dont il ne devait la confidence à personne.

La nécessité de dissimuler qui coûtait beaucoup à son caractère, cessa bientôt par les événemens de la révolution. Ce n'est pas qu'il eût jamais senti le moindre dégoût pour la morale évangélique : il la chérissait au contraire, et les vertus qu'elle prescrit, ne lui ont jamais été pénibles. Mais il ne m'a pas caché que les devoirs que la discipline impose aux prêtres, étaient un joug trop pesant pour lui ; et que ne se trouvant pas digne d'exercer leurs sublimes et redoutables fonctions, il avait béni le moment qui lui avait apporté la liberté de les quitter entièrement.

Il exécuta l'arrêt de sa conscience sans éclat, sans bruit, sans y rien mêler qui pût faire remarquer son changement d'état ; et il eut le bonheur de se dérober aux orages de la révolution, en vivant dans l'obscurité autant par goût que par la nécessité des conjonctures ; et en partageant son temps entre les soins d'une éducation qu'on lui avait confiée, et l'étude approfondie des mathématiques transcendantes.

Cependant sa position précaire lui laissait des inquiétudes sur l'avenir, moins pour lui-même que pour son père, que l'âge menaçait d'infirmités qui allaient le rendre incapable de tout travail. Il en fut délivré de la manière la plus

conforme à ses desirs par la loi qui institua les écoles cen-
trales : il obtint dans celle du Calvados la chaire de Mathématiques. Sa nomination lui fit d'autant plus d'honneur
qu'elle lui avait été disputée devant une assemblée nom-
breuse par des concurrens fort instruits, et que le jury qui
lui décerna la palme, était composé d'hommes très-distin-
gués par leurs connaissances et par leur intégrité (1). Ses
propres rivaux applaudirent à sa victoire, et jusqu'à sa
mort il les eut pour amis. Sans doute sa supériorité était
trop frappante pour qu'ils pussent être humiliés d'avoir été
vaincus ; mais il faut dire aussi que la modestie du vain-
queur était bien capable d'appaiser les murmures secrets de
l'amour-propre.

Quesnot n'eut point à lutter comme ses collégues contre
les difficultés qui assiégeaient le nouvel établissement. On
ne voit que trop de gens qui, avec une légère teinture d'instruction, s'érigent assez volontiers en juges compétens de
la partie littéraire de l'enseignement, et ceux qui sont le
moins en état d'apprécier un plan d'études différent de celui
qu'ils ont suivi bien ou mal, ne sont pas les moins prompts
à le proscrire sans examen. Mais les mathématiques sont
d'une nature qui repousse cette prétention ridicule. D'ail-
leurs non seulement les circonstances les garantissaient de
la défaveur que l'esprit de parti s'acharnait à répandre sur
les institutions nouvelles sans distinction ; mais au contraire
elles appelaient la foule vers cet objet particulier de l'enseignement public, parce qu'il était à cette époque à peu
près le seul qui offrît aux pères de famille l'espérance de

____

(1) MM. CACHIN, aujourd'hui inspecteur général des travaux
maritimes, LECANU, ancien professeur de mathématiques et de mé-
decine à l'université de Caen, et LEPRESTRE, avocat à la cour
d'appel.

procurer à leurs enfans un état honorable et assuré. L'intérêt privé portait assez généralement ses vues sur cet établissement fameux et unique en Europe , qui est un des plus beaux titres de gloire du savant homme d'état (2) à qui la patrie en doit la première idée et la sage organisation. Aussi Quesnot eut-il dès la première année un très-grand nombre d'élèves. Mais s'il dut cette affluence en majeure partie à l'espoir de parvenir à l'école Polytechnique , il sçut répondre bien dignement à la confiance publique et aux vœux des familles. Dans toute la vaste étendue de l'Empire, aucun professeur n'a formé à beaucoup près dans le même espace d'années , autant de sujets jugés dignes d'y être admis , après de longs et rigoureux examens. Leur nombre a été chaque année en augmentant , et neuf à la fois obtinrent cette avantageuse distinction au mois de Brumaire dernier : genre de succès dont on ne trouve d'exemple dans aucune autre école centrale , et qui n'est pourtant pas le seul fondement de la gloire de Quesnot. Ses leçons ont profité à une foule d'autres jeunes gens qui ont pris du goût , pour les sciences exactes ; et ce genre d'étude en se propageant dans la société , favorisera les progrès de la raison et contribuera insensiblement à l'affermissement de la paix intérieure ; car ce n'est point parmi des géomètres et des physiciens que les fanatiques et les factieux peuvent se flatter de trouver des partisans.

Tels sont les services que Quesnot a rendus comme professeur de l'école centrale. Sa brillante mais trop courte carrière , offre un autre travail d'une moins grande importance en lui-même , mais d'une utilité plus immédiate pour le public, et que lui seul peut-être pouvait exécuter en

(1) M. Fourcroy , aujourd'hui conseiller d'état chargé de la direction et de la surveillance de l'instruction publique.

aussi peu de temps. Le gouvernement ayant bien voulu former temporairement une école de géométrie pratique dans ce département, aux frais du trésor public, Quesnot en fut chargé par M. le Préfet. On lui donnait trois mois pour instruire seize jeunes gens dont la plupart nés au village, n'avaient reçu aucune éducation libérale, et ne savaient pas assez leur langue pour saisir le sens des expressions du maître et pour rendre leurs propres idées. Au temps fixé, il n'y en eut pas un qui ne fût en état de mesurer tout espace même inaccessible, et d'en lever le plan régulièrement et dans son rapport à la méridienne. Ils firent tous leurs preuves sur des terreins autres que ceux sur lesquels ils avaient reçu ses leçons pratiques. Plusieurs sont aujourd'hui employés à lever les plans qui serviront à la confection de la nouvelle carte de la France.

Cet heureux résultat que dans sa joie naïve, Quesnot appelait *un tour de force*, en parlant à ses amis, ne fut pas celui qui lui donna la moins délicieuse jouissance, non sous le rapport de l'amour propre qui avait pourtant de quoi s'applaudir ; mais parce qu'il avait réussi à justifier le choix de M. le Préfet, dont il avait été extrêmement flatté, et qu'il voyait couronner les efforts qu'il avait faits, afin de prouver sa reconnaissance pour le gouvernement qui venait de faire en sa faveur un acte de justice courageuse.

Ce surcroît de travail qui ne prenait rien sur les leçons de sa classe ni sur celles qu'il donnait en particulier à un grand nombre d'élèves, altérait sa santé. Ses amis l'exhortaient à la ménager : *non*, répondait-il, *il ne s'agit pas de vivre, mais de répondre à la confiance qu'on m'a témoignée, mais de remplir l'engagement que j'ai contracté.* Tel était son caractère, tels étaient ses principes

que rien, absolument rien, ne pouvait l'empêcher de sui-
vre, à moins qu'un épuisement total ne le forçât à rester
dans son lit qu'il quittait bien avant que les remèdes eussent
réparé ses forces. Son corps tout frêle renfermait l'ame la
plus énergique : en l'observant dans toute sa conduite, on
se rappelait le mot de Virgile, *ingentes animos in corpore
parvo.* Nul homme n'a plus fortement voulu remplir les
devoirs qu'il avait acceptés ou qu'il s'était imposés lui-
même volontairement ; et il les étendait bien au-delà des
bornes de la justice la plus rigoureuse. Au talent le plus
rare pour l'enseignement, il joignait un zèle dont il y a
bien peu d'exemples; mais ce qui le caractérise plus parti-
culièrement, c'est qu'il ne s'en prenait qu'à lui, si les progrès de ses élèves ne répondaient pas toujours assez vîte aux
soins qu'il leur prodiguait. *C'est ma faute*, disait-il, quand
quelqu'un d'entreux ne saisissait pas bien ses idées, et il en
était persuadé, mais il était le seul qui le fût. Alors sans
jamais se rebuter, il les présentait sous de nouvelles faces,
jusqu'à ce qu'elles devinssent évidentes pour l'esprit le
moins pénétrant. Il excellait sur-tout dans l'analyse, dans
le développement de la métaphysique de la science, et dans
l'art de démontrer avec une précision qui contribue plus à
la clarté qu'on ne le croit communément. Il y astreignait
rigoureusement ses élèves, sans jamais souffrir qu'ils em-
ployassent un mot impropre ou inutile.

Loin d'en faire un mystère, il se vantait de devoir le
perfectionnement de sa méthode à cet égard, aux conseils
du savant membre de l'institut (1) qui est si digne de la confiance du gouvernement par la profondeur de ses connaissances, et qui s'est rendu si cher à la jeunesse par la
douceur et l'amabilité de son caractère, par la manière

---

vraiement paternelle dont il interroge les aspirans à l'école polytechnique , et par l'impartialité qu'il met dans ses jugemens. Quesnot tenait à grand honneur d'avoir conquis l'estime et même l'amitié d'un si bon appréciateur du mérite , qui ne parlait de lui que pour faire l'éloge de ses talens et de son zèle, qui dans les départemens éloignés disait aux parens des jeunes gens qu'il n'avait pas trouvés assez instruits : *Envoyez-les à Caen recevoir les leçons de Quesnot.* Plusieurs ont suivi ce conseil ; et en sortant de ses mains au bout de neuf mois , ils sont allés grossir le nombre de ceux qui avaient si bien établi sa réputation à l'école polytechnique. Enfin un seul fait suffirait pour son éloge comme professeur ; c'est que son nom seul inspirait une telle confiance aux premiers savans de la capitale , que c'était auprès d'eux une puissante recommandation que d'avoir été instruit à son école. *Il illustre la ville de Caen :* c'était l'expression ordinaire d'un d'entre eux.

Son mérite éminent était si bien apprécié dans sa propre patrie ; l'on y sentait si vivement la reconnaissance due aux services qu'il y rendait , qu'il ne perdit rien de sa considération par une démarche qui était de nature à choquer l'opinion du grand nombre. La voix éclatante de la Renommée qui publiait sa gloire , couvrait les sourds murmures de ses désaprobateurs. Il s'agit de son mariage.

Il éprouvait depuis long-temps qu'*il n'est pas bon que l'homme soit seul.* L'isolement où le retenait un travail presque continuel, dont il s'était chargé pour pouvoir soutenir ses plus proches parens , lui faisait encore plus sentir le besoin d'une compagne , qui le débarrassât des soins domestiques , et dont la société en allégeant le poids de ses fatignes , lui adoucît les amertumes de la vie. Mais avant de se la donner , il attendit (et ç'est encore un trait

caractéristique) que la loi de son pays lui en laissât la liberté (1). Il eut alors le bonheur d'en trouver une qui s'est
montrée digne de lui , ce qui n'est pas un foible éloge ,
depuis le premier moment de leur union , jusqu'à celui où
trop tôt hélas ! pour elle , pour ses amis et pour la patrie ,
il a payé le tribut à la nature.

Un changement total dans les établissemens d'instruction publique vint empoisonner le bonheur dont il commen-
çait à jouir. L'école centrale fut supprimée , et il eut à
craindre d'être écarté du lycée. Les circonstances ne lui
étaient pas favorables : à la joie bien légitime qu'inspirait
la paix qu'une profonde sagesse avait rétablie dans l'église
de France , se joignit une ferveur qui accompagne toujours
les premiers momens , mais qui brouille quelquefois les
idées , quand le zèle n'est pas selon la science. Quesnot
avait enfreint un des points de la discipline de l'église catho-
lique : nul doute qu'il ne dût être exclu de toute fonction
ecclésiastique , s'il y avait eu quelque prétention ; mais il
s'était fait justice lui-même à cet égard , long-temps par
avance , en abandonnant son état. Les suites de sa démarche n'avaient plus de juges sur la terre : il n'en devait
compte qu'à Dieu seul. Conclure qu'il était devenu par-là
indigne de la confiance du gouvernement pour des fonctions qui n'avaient rien de commun avec le tort qu'on lui
reprochait , n'était-ce pas manquer tout à la fois aux premiers principes de la logique , et aux préceptes de l'évan-
gile qui recommande avant tout d'être juste. En faisant
sonner si haut un article de discipline , il eût été bon de
ne pas oublier ce que dit Saint-Paul de la charité. L'on
conviendra apparemment qu'il y a quelque différence

---

(1) Son mariage est postérieur au concordat.

entre un homme qui a rétracté un vœu que sa bouche, et non son cœur avait prononcé, et que d'après nos faibles lumières nous pouvons croire que Dieu avait rejeté, et un homme qui aurait bravé les principes éternels de la morale, et foulé aux pieds ses devoirs les plus sacrés. C'est celui-ci sans doute qui serait indigne de la confiance publique, parce que sa conduite peut avoir une influence funeste à la société, et plût à Dieu que parmi ceux qui étaient si ardens à nuire à Quesnot, il ne s'en trouvât aucun qui eût enfreint ses vœux d'une manière préjudiciable pour elle ! Heureusement le régime sous lequel nous vivions, ne permet plus de faire une confusion dangereuse de ce qui concerne la vie à venir et de ce qui concerne la vie présente. On doit plaindre ceux qu'on croit exposés au danger d'être malheureux dans celle-là ; mais on ne leur doit pas moins reconnaissance et justice pendant celle-ci ; et l'on se ferait tort à soi-même en les éloignant des places où ils peuvent être utiles à la patrie. Louis XIV paya bien cher la faute qu'il avait faite en suivant des maximes opposées. Elle ne pouvait être commise par le sage héros qui nous gouverne. Sur l'exposé fidèle des talens et des services de Quesnot, Sa Majesté, en grande connaissance de cause, le nomma professeur de mathématiques transcendantes au Lycée de Caen.

La reconnaissance enflamma notre digne collègue d'un nouveau zèle : il comptait présenter seize élèves à l'examen du mois de Vendémiaire prochain ; mais son tempérament a succombé sous le poids de la fatigue. Après une courte maladie il mourut le 23 Nivôse dernier. Ses vertus morales et civiles lui avaient acquis l'estime de tous les gens de bien et l'avaient rendu cher à tous ceux qui ont eu quelque liaison avec lui : quelques amis qui l'ont le mieux connu, le regretteront le reste de leur vie. Bien peu de gens ont mérité un témoignage que ses ennemis même ne pourront démentir ; c'est qu'il a fait beaucoup de bien et n'a jamais fait de mal à personne. Sa respectable veuve est accouchée depuis peu d'un fils qui a des droits sacrés à la bienveillance publique, qu'elle mérite de partager par les bonnes qualités qui la distinguent. Les ames honnêtes apprendront avec plaisir que son vieux père reçoit des secours qui en honorant la mémoire du fils, n'ont rien d'humiliant pour lui-même.

FIN.